人工智能入门

（第四册）

陈玉琨　主编

商务印书馆
创于1897 The Commercial Press
2019年·北京

目录

第八章　语音识别与人机交互

语言在我们的生活中无处不有。老师的教导，父母的叮嘱，同学之间的交流等，都是通过语言来表达的。语言作为信息传递的载体，不仅在生活中为我们提供了交流的便利，还在人类文明的发展中起到了至关重要的作用。语言究竟是如何诞生的至今未有定论，但是可以确定的是语言和智能之间有着密不可分的关系。因此，在人工智能的领域中，让计算机能够理解和处理自然语言一直是一个研究热点。本章我们就来学习自然语言处理的一个重要应用——**语音识别与人机交互**。

同学们思考一下，我们平时是如何与计算机进行交互的呢？通常情况下，我们用键盘、鼠标来输入数据，然后从输出设备——如显示器，来接收电脑的反馈。当我们想在计算机上运行一个程序时，例如 Office Word，首先要点击 Word 应用的图标，用键盘和鼠标对 Word 文档进行编辑，然后从显示器上查看、确认文档的最终结果。

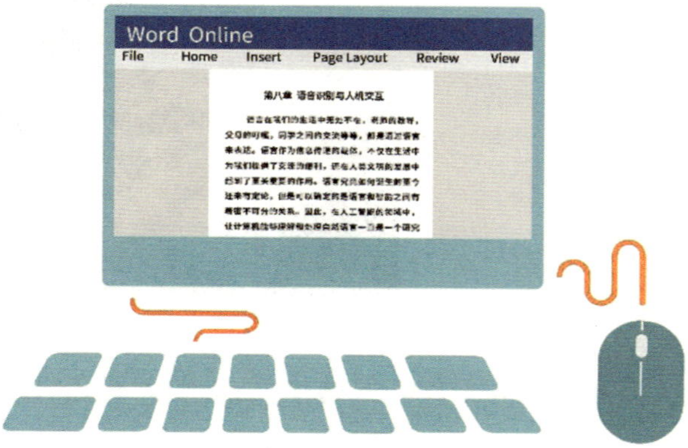

图 8－1　与 Office Word 进行交互

在智能手机发明后，人机交互也渐渐地发展到手机上了。人们主要使用触摸屏幕和按钮与手机进行交互。

这种交互方式固然没有问题，但是操作步骤有些烦琐，一个简单的任务都可能需要很多次的键盘和鼠标操作才能完成。有没有一种更加简单的方式来控制程序中的角色完成相应的任务呢？当然有，本章的主角——语音识别，就是在许多场合下实现人机交互的一种更加简便的方法。

图8-2　智能手机

语音作为我们人类日常交流的主要方式，天生就具有方便、直接的特点。简单的一句话就可以描述一系列复杂的操作，或者一个复杂的概念，这就是自然语言的优势所在。

基于语音识别的新人机交互模式，给我们的生活带来了很大的改变和进步。我们对于用语音与机器交流的方式并不陌生，手机上的Siri、Cortana等智能语音助手，总是很有礼貌地为我们提供各种帮助。我们只需要对语音助手说话，就可以指挥它们完成打电话、发消息、定闹钟、搜索网页等任务，而这些在以前都需要通过一系列对手机的操作才能实现。尤其是当我们不方便使用触屏操作时，或者我们距离设备较远时，语音助手就是一种更加便捷的输入方式。语音助手也给一些残疾人带来了福音。他们可以用语音来控制家里的设备，例如打开窗帘、煮一杯咖啡、打开电视机、开门锁门等。

图 8－3　苹果语音助手“Siri”

· 思考和讨论 ·

1. 同学们在生活中使用过语音方式与机器进行交互吗？
2. 语音交互的方式有哪些便利之处？
3. 机器是怎样“听懂”人类语言的？

在本章中，我们将一一揭开上面这些问题的面纱，了解如何通过语音和计算机进行交互。我们准备了一个非常有趣的项目——“魔塔”，搭建一个语音交互系统，让程序中的人物按照我们的语音命令去完成相应的任务。

8.1　金石丝竹：声音的本质是什么

我们先从语音识别的核心概念——声音入手，来研究声音的特性，以及如何合理地使用它。

声音的特性

语音交互系统实现的前提是计算机能够正确地获取并识别声音，因此这一节就从声音本身说起。我们先来思考下面几个问题。

· 思考和讨论 ·

1. 声音是什么？
2. 声音在计算机中以怎样的形式存在呢？

这些问题听起来很简单，但是如果仔细想一想，其中的原理并不简单。弄清楚这些问题，对我们下面学习计算机自动语音识别有着重要意义。

我们在物理课上都学习过声波产生和传播的原理，知道声音是由物体振动产生的，通过空气或者其他介质传播被人耳所感知。声音有三个特性——音调、响度和音色。

音调决定于声源的振动频率。频率越高，音调就越高，听起来也就越尖锐；频率越低，音调就越低，听起来也就越低沉。在这里，频率是指物体在 1 秒钟内振动的次数，单位是赫兹（Hz）。声源频率高于 20 000Hz（每秒震动次数大于 20 000 次）的声波是超声波，而声源频率低于 20Hz（每秒震动次数小于 20 次）的声波是次声波。

响度决定于声源的振动幅度，即振幅。声源在振动时，离开原本位置的最大距离就是振幅。振幅越大，响度就越大，声音听起来也就越大；振幅越小，响度就越小，声音听起来也就越小。比如，我们在大声喊叫的时候，会感觉嗓子震动得更加剧烈，声音也更加响亮，这就是因为我们加大了声源的振幅，所以发出声音的响度也就更强了。

音色决定于声源本身的材料、结构等特性。不同的物体即使振动的频率、幅度一样，听起来也会有所区别，音色就是反映了这样一种区别。比如，我们能通过乐器发出的声响判断不同的乐器，是因为不同乐器的音色是不同的。这是由于乐器用于发声的材料不同：吉他有使用金属弦的民谣吉他，也有使用尼龙弦的古典吉他，它们弹奏的音色就有很大的区别。

图 8－4　使用不同材料的弦的吉他

计算机中的声音

用手机或者电脑听音乐的时候，你往往会发现有的音乐音质较好，接近现场演奏的效果；有的音乐则音质较差，含混模糊。音乐的音质是用“分辨率”这一指标来衡量的。计算机在录制音乐的时候，会将接收到的声波转换为便于自身存储和处理的音频文件（如 MP3 格式）。如下面的图 8－5 所示，从声波到最终的 MP3 文件主要经历了三个阶段：

• 采样：计算机以有限的容量是无法完全存放一个连续信号的。为了把连续的声波信号存放在计算机里面进行处理，我们通常会在一段时间内采集有限个声音样本。这个过程称为采样。采样的密度一般通过采样率来衡量。采样率就是每秒采集的声音样本的数量。

- 量化：将声音的振幅离散化变成一个个数据点以记录在上述的每一个采样区间的过程。
- 编码：编码是信息从一种形式或格式转换为另一种形式或格式的过程，目的是去除原来声音信号里面的冗余信息。

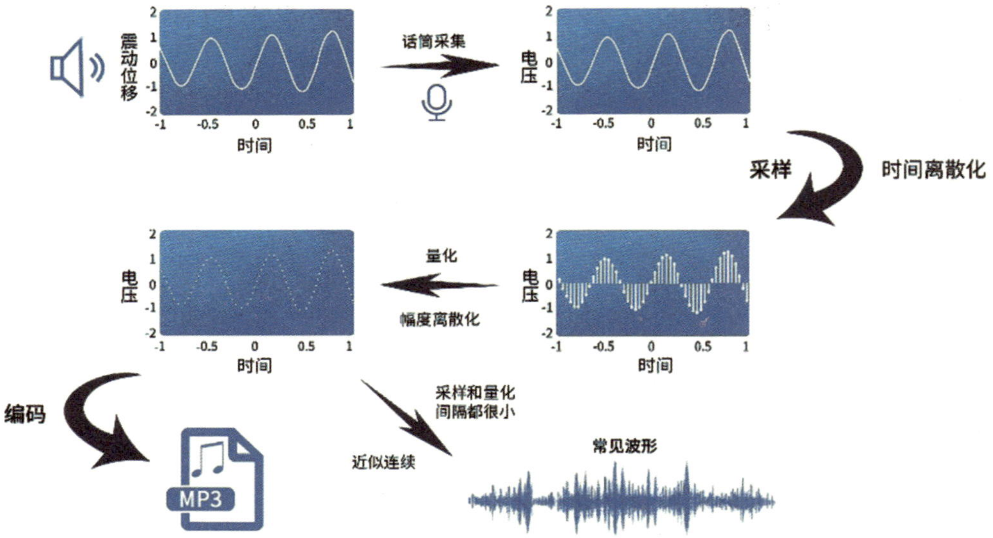

图 8－5　计算机存储声音的过程

对计算机来说，话筒就像是它的耳朵。当话筒接收到声波时，上面的传感器可以将振动转化为电信号（比如电压信号）的波动。电信号的变化是一个连续的过程，而连续的值在计算机中很难存储。因此，需要在时间上对电信号进行离散化，然后对电信号的数值进行量化，从而将连续变化的电信号转化为一个个离散的点。对这些离散的点进行编码之后，就可以将它存储在计算机中了。

音频文件中存储了一系列按时间顺序排列的数字，这些数字反映了传感器在接收到声音时的振动位移。将这些数据点按照时间先后绘制出来，就是我们常见的波形图。

我们日常生活中对语音的印象都是来源于听觉的，学习了这一节后，我们可以看一看，语音用可视化的形式展示出来是什么样子呢？下面我们做一个小实验，将不同的语音录入计算机中，并通过波形图的形式显示出来。

例题

利用平台提供的函数，录制一段声音，并将其可视化展示出来。

例子程序：

```
audio.record(5,"/path/to/audio")    # 录制音频文件
my_audio = load(url)                # 载入音频文件
fig() + audio(url,"wave")           # 可视化波形
```

audio.record 可以录制声音，第一个参数为录制时间长度，单位为秒；第二个参数是音频文件保存路径。

audio.load 可以载入一个音频文件，转化为 python 内部的数组。

audio.plot 可以将波形可视化展示出来。

观察不同的声音波形，看看有什么不同之处。

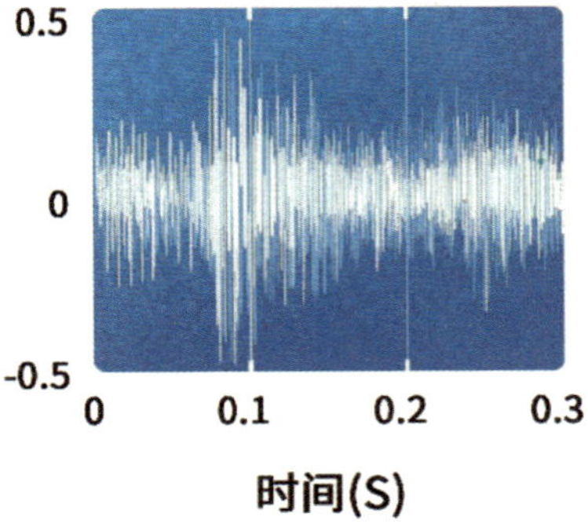

图 8－6　计算机存储声音文件的波形图

单元小结

在这一节中，我们主要学习了声音的本质是一种波。声音会引起空气的振动，通过捕捉这些振动，我们可以将声音在计算机中存储为数字信号。另外在 Python 中，可以通过特定的指令来读取这些数字信号。

【自我评价】

学习内容	掌握程度
声音也是一种数据	□熟练　□良好　□一般
声音数据的可视化波形	□熟练　□良好　□一般

8.2　声声入耳：听觉与语音识别

在上一节中，我们对声音的本质有了一定的了解，也学会了将语音进行数字化存储在计算机里，并且能够通过使用所提供的函数对计算机中存储的声音信号进行读取和可视化。

本节在上一节的基础上，我们将要了解计算机是如何将语音识别成文字的。计算机识别语音的方式和人类发声、听觉的原理有着千丝万缕的联系，因此我们先从人类发声和听觉的原理开始了解。

发声的原理

在了解发声的原理之前，让我们先做个有趣的发声小实验。我们用手摸着自己的喉咙，尝试发出汉语中的元音 a、o、e、ê、i、u、ü 等，感受喉咙的振动，仔细想一想，这些振动给我们的感觉相同吗？

也许我们可以清晰的感觉到，当我们在发声的时候，我们的喉咙里有东西在振动，并且发出不同声音时，振动的方式都有所不同。我们之所以能发出声音，是因为肺部的气流通过喉咙时，穿过了一个叫声带的部位（如图8－7），引起了声带的振动。这里我们只讨论大部分语言中元音的发音原理，实际上不需要声带振动也可以发出很多种声音。

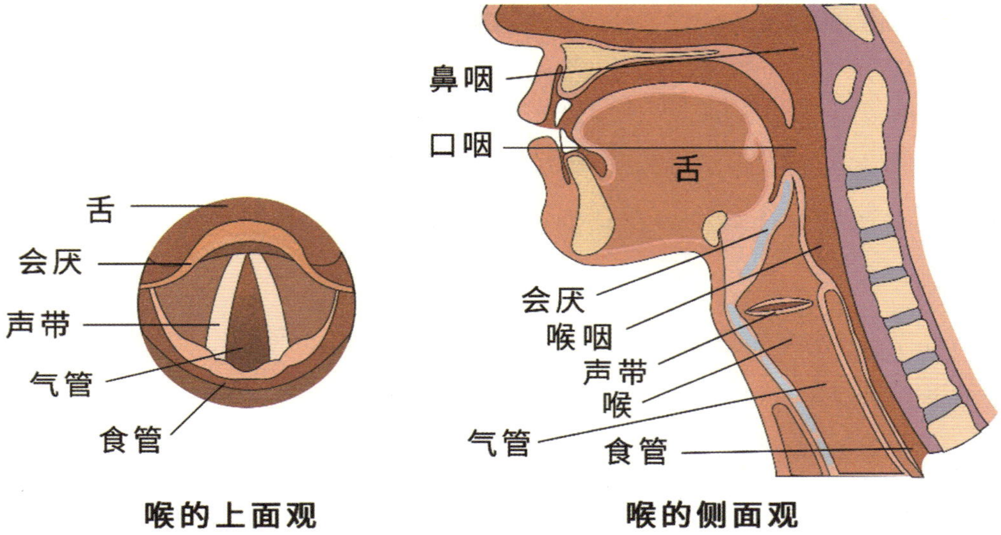

图8－7　人体喉部结构

舌头的位置以及口腔的形状等都会影响发音。声带振动发出的声音，经过这些部位的处理，最终形成了各种各样的声音。这是不是很奇妙呢？这种现象其实不难理解，我们可以通过一个类比实验，更好地理解口腔在发声中的作用。

· 思考和讨论 ·

请拿出教具盒里的红色玻璃，放在一张白纸上。现在白纸有没有改变颜色？它变成了什么颜色？仔细想一想，这是为什么？

这是因为在教室里的日光中包含了许许多多种不同颜色的光，而红色玻璃就像过滤器一样，白光中的红色成分更容易穿过，而其他颜色成分大部分都被吸收或反射从而被过滤掉。

与此类似，声带就像白色的光源一样，发出的声波包含了许许多多种不同频率的声波成分。在通过上述那些部位时，有些频率的声波成分会被放大（振幅变大），而有些频率的声波成分会被削弱（振幅变小），最终转化为各种各样的语音。我们说话的时候，总是先在大脑中产生想要表达的意思，然后经过大脑的语言处理系统转化成一系列的“文字”（这里是指大脑中虚拟的文字），最后大脑控制声带、口腔等部位发出相应的语音。

听觉的原理

我们在生物课上学习过人耳的结构。如图 8－8 所示，耳廓的形状结构适合将声波收集起来。外耳道、鼓膜等一系列结构能够将声波传导至耳蜗。耳蜗中的听觉感受器对振动十分敏感，可以将声波的振动转变为神经冲动。神经冲动经过听觉神经的传送，到达大脑皮层的听觉中枢，从而引起听觉的主观感受。

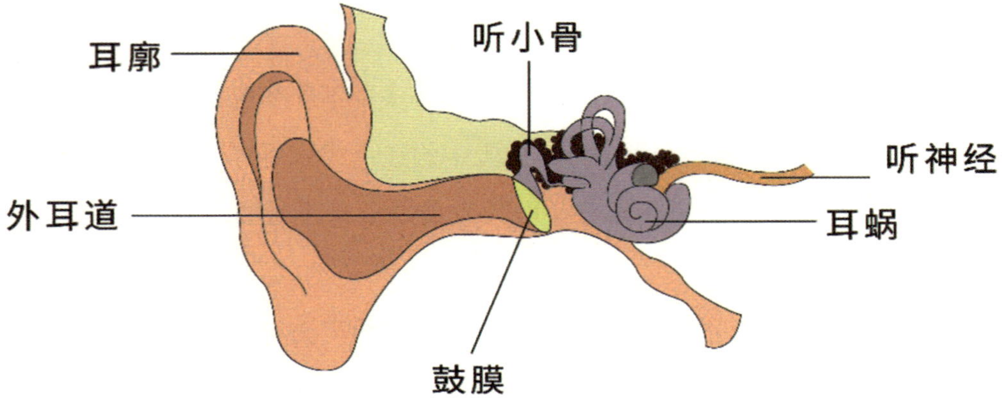

图 8－8　人体耳部结构

是不是所有的声音都能被人听到呢？大家应该听说过次声波和超声波的概念，这两种声波就是我们无法听到的。其实，人耳听觉对不同频率声音的敏感程度并不一样。图 8－9 所表示的是人耳对不同频率声音的敏感程度，横坐标表示声音的频率，纵坐标表示能引起人耳听觉的最小声音强度。纵坐标越小，说明人耳对该频率的声音越敏感。不难发现，人耳对人发声频率范围内的声音比较敏感。这为人类通过语言进行交流提供了便利。另外，我们还可以从图中看出一个有趣的现象：人耳对婴儿发声频率范围附近的声音最敏感。

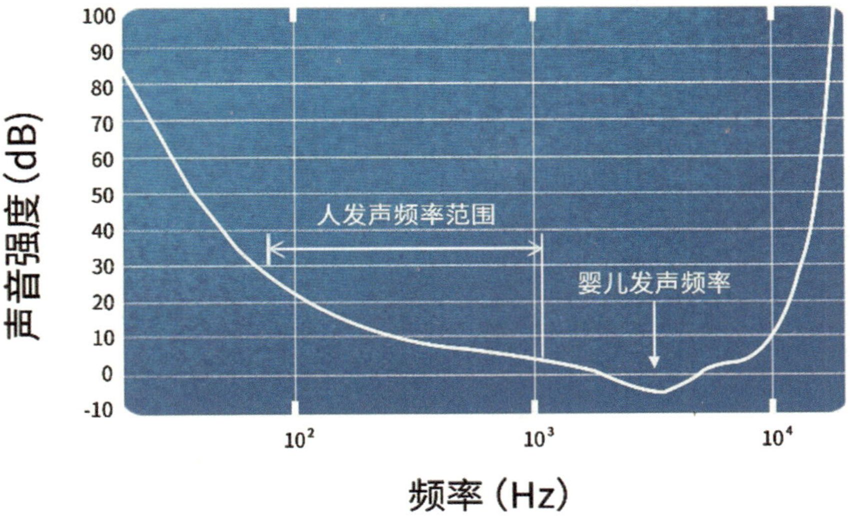

图8-9　人耳听觉对不同频率声音的敏感程度

自动语音识别

从发声和听觉系统的学习中，我们可以看出，语音的频率特性对于人类理解它的内容十分重要。在计算机自动进行语音识别时，也充分利用了这个特点。常用的 MFCC（Mel 频率倒谱系数的缩写）特征就是将语音信号分解到不同的频段，统计出各个频段的特征后，就可以运用机器学习的方法将其识别为相应的文字。这里用到的技术较为复杂，就不做深入讨论了。下面我们通过实验平台提供的语音接口 speech. recognize，体验自动语音识别的效果。speech. recognize 会将一个声音信号，转化为一个字符串的文本。

例题

利用 speech. recognize，录制一段语音，并转化成文字打印出来。

例子程序：

```
audio.record(5,"/path/to/audio")         # 录制音频文件
my_audio = load("/path/to/audio")        # 载入音频文件
script = speech.recog(url)               # 语音识别
print(script)                            # 打印识别结果
```

speech. recognize 可以将语音转换成文字。

例题

利用 audio. speech_ recognize，实现自动语音识别。

例子程序：

```
script = audio.speech_recognize(5)       # 自动语音识别
print(script)                            # 打印识别结果
```

audio. speech_ recognize 可以进行自动语音识别，参数为录制时间长度，单位为秒。

计算机识别出来的结果跟我们所说的内容一致吗？多尝试几次，看看每次说同样的内容，计算机的识别结果是否相同？

单元小结

计算机究竟靠什么方法将声音信号转化成文字呢？我们

在第二册课本中曾经学过：只要数据能够被数字化，就可以利用机器学习的方法，建立数字化后的音频到声音意义的映射。一般中文识别的做法，是将音频识别为每个单字的拼音，再联系上下文，将具体的汉字确定。

在深度学习广泛应用以前，科学家们会先将音频分解为频率谱信号，然后对频率谱进行识别。这个过程事实上很接近我们前面描述的人耳的听觉过程。而深度学习发展之后，也可以直接通过音频进行语音的识别。

在后面的章节中，我们还会学到如何利用声音的识别工具，来开发自己的语音交互系统。

【自我评价】

学习内容	掌握程度
人类发声的原理	□熟练　□良好　□一般
人类听觉的原理	□熟练　□良好　□一般
使用接口实现语音识别	□熟练　□良好　□一般

8.3　此唱彼和：简单语音控制

人机交互初探

语音识别给计算机添上了“耳朵”。利用这个技术，我们就可以尝试让计算机按照我们的语音命令做一些有趣的事情了。体验过“魔塔”程序的同学知道，程序的主角要救出困在塔里的公主。塔里有各种各样的怪物，也有金币、药水、钥匙等有用的道具。我们可以用键盘的上下左右键控制主角移动。当移动到怪物所在的位置时，主角就会和它进行战斗；当移动到药水、钥匙等道具时，主角就会将它们捡起；当移动到门的位置时，主角就会用相应颜色的钥匙打开门。

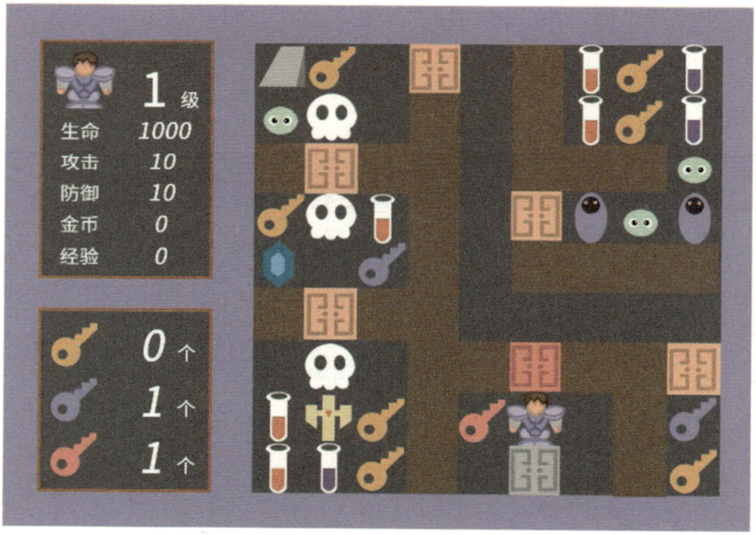

图 8-10　魔塔程序界面

简单的语音控制

我们已经体验过了使用键盘运行魔塔程序，这种和计算机交互的方式想必大家再熟悉不过了。不过，大家可能发现了，当用键盘控制主角完成一个任务（比如打某个怪物）时，即使我们自己知道任务的目标，也还得一步一步地按上下左右键来移动人物。语音可以在很大程度上改善这种烦琐的交互方式。

我们知道，魔塔程序中，人物最基本的动作就是上下左右移动。因此，我们的语音控制系统就先从简单地控制程序人物上下左右进行移动开始。

为了控制人物进行移动，我们肯定要先从程序中获取人物的控制权。不用担心，SenseStudy 已经为大家准备好了相关模块，只要调用该模块的函数就可以获得人物的控制权。得到了控制权之后，我们就可以调用相关的方法实现人物的上下左右移动了。

例题

获得程序中人物的控制权，进而控制它进行移动。

例子程序：

```
game = Game()
hero = game.player      # 获取程序中人物控制权
hero.move("上")         # 上移
hero.move("下")         # 下移
hero.move("左")         # 左移
hero.move("右")         # 右移
```

这里的 game. player 可以获取程序人物，我们将它命名为 hero，也就是说，对程序人物的控制都可以通过调用 hero 的相关方法来实现。比如，hero. move（“上”）就是控制人物往上移动一格。这种使用程序控制程序人物移动的方式是不是很神奇呢？同学们快尝试一下编写代码代替上下左右键，控制人物完成相应的动作吧。

小练习

运用例子中的方法，让程序人物完成下面这些动作：

1. 打最近的怪物
2. 捡红色的钥匙
3. 喝蓝色的药水

完成了上面的练习，大家一定会想，每次想让人物移动都要写一行代码，这比按键运行程序麻烦多了。别着急，我们可以尝试把语音识别的功能加入进来，这样只需要说句话就可以让程序人物完成移动了。

还记得我们上一节的实验中实现的功能吗？通过调用实验平台的语音接口，计算机可以将语音识别成相应的文字。也就是说，计算机能够“听清”我们说的每一个字。为什么说是“听清”而不是“听懂”呢？因为计算机只是将我们说的语音转化成相应的文字，而至于这些文字所传达的意义，它并不理解。就像初中生来到了大学的课堂，虽然老师说的几乎每一个字他都可以听清楚，但是他对老师所表达的意思却一无所知。为了让计算机能够理解我们想要表达的意思，就需要先对它进行一些“教育”。就像一个初中生经过初中、高中老师的教育，进入大学后也能够听懂大学老师讲的课一样，计算机经过一定的“教育”也能够理解我们所表达的意思。只不过，对于计算机来说，所谓的“教育”其实就是我们给它设定的一些规则。下面我们就从最简单的规则开始设计。

在第一册的课文中，我们学习了 Python 中的字符串类型，用“==”号可以判断两个字符串是否完全一样。由此，我们可以定义一个最简单的规则：一组字符串和主角的一组动作一一对应，当一段语音被计算机识别成字符串后，只需要根据对应关系找到相应的动作执行就可以了。

例题

结合 audio. speech_recognize，编写一个简单的程序，能够用语音控制机器人上下左右移动。

例子程序：

```
def command2action(hero, command):    # 能听懂上下左右的控制函数
    if command in["上","下","左","右"]:
        hero.move(command)
    else:
```

```
print("对不起,该命令无效!")
command = speech_recog (url)        # 自动语音识别
command2action(hero,command)
```

简单几行就定义出了命令和动作的对应关系，结合本章中的自动语音识别功能，我们就完成了第一版的语音运行魔塔。让我们尝试用语音控制的方式运行魔塔吧！

单元小结

语音识别技术为人机交互打开了新的大门。在本节中，我们初步实现了一个完整的语音交互系统，成功实现了控制计算机运行魔塔的功能。通过调用我们提供的语音识别接口，我们建立起了人与机器之间交流的桥梁。利用程序接口，我们实现了用代码的方式控制程序人物进行移动，这对我们来说，想必是一个全新的体验。运用 Python 的选择结构和判断相等符号，我们将语音识别与程序控制结合了起来，搭建了语音运行魔塔的第一个版本。之后，我们会在这一基础上逐步实现更加复杂，但更高效的语音交互系统。

【自我评价】

学习内容	掌握程度		
通过控制接口，实现语音控制的程序	□熟练	□良好	□一般

8.4　桃源迷津：路径规划的原理

有了自动语音识别系统的加持，我们可以解放双手，用语音完成程序的操作了。但是，我们很快可以发现，这个最初版本的语音交互系统用起来很费口舌——我们只是将原本用键盘实现的基本动作改为用语音表达。这和我们的初衷相距甚远。而且，如果只是发出上下左右这种最简单的语音命令，运行起程序来还没有键盘操作简便。

因此，我们还需要发掘语音表达所特有的抽象特点，也就是说，一句语音命令可以对应许多步基本的动作。比如，当我们说“拿最近的钥匙”时，主角可以自动找到最近的钥匙，并移动过去获取它。路径规划功能还经常被用于地图应用的导航中。比如，在手机地图软件中，我们可以通过语音输入的方式，设置导航目的地。导航会自动计算最短的路线，并推荐给我们。这样的功能就是路径规划的典型应用之一。

图8－11 导航应用的语音模块

接下来，我们将要完成一个简单的路径规划模块。为了方便描述，我们可以把地图上的对象分为下面这六类。

表8－1 地图上的对象

怪物	monster
钥匙	key
门	door
宝石	gem
药水	potion
楼梯	stair

我们提供的程序模块中包含了可以获取程序状态信息的各种函数。比如，使用 location 函数我们可以获取一个列表，里面存放了当前地图上任意一类目标的位置。其中，每一个目标的位置都是用一个二元的元组表示，我们可以把元组理

解为一个不能改变其中元素值的列表。那么位置又是如何定义的呢？如图 8－12，这里的位置是以当前地图的左上角为坐标原点，以一格为单位长度，以竖直轴上的位置为第 1 个坐标，水平轴为第 2 个坐标，确定的一个平面坐标值。比如，(4，2）就表示该位置在从原点开始，第 4 行第 2 列的位置。注意，行或列的坐标值往往都是从 0 开始计数的。

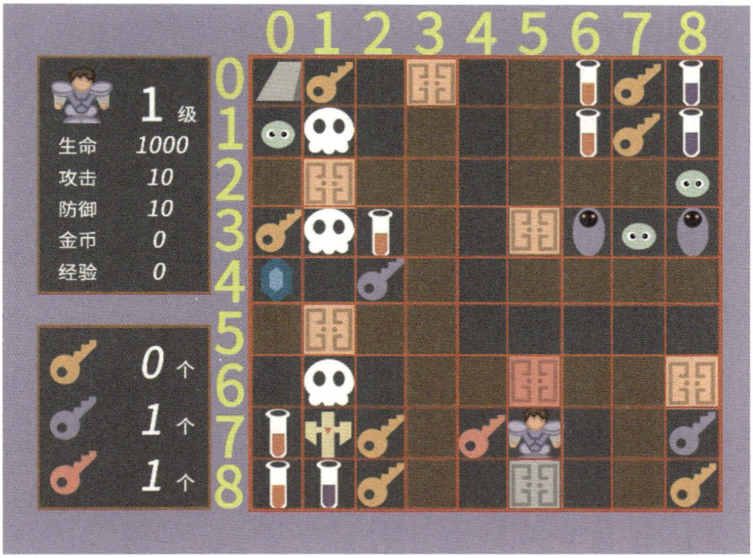

图 8－12　魔塔程序地图坐标

例题

获取当前地图上所有怪物的位置。

例子程序：

```
location_monsters = game. location('怪物')
```

不仅如此，程序模块还提供了计算到达某个位置路径的函数，该函数可以返回到达地图上某个位置的最短路径（假设该路径存在）。

例题

获取到达（0,6）处的最短路径。

例子程序：

```
path = hero. path_to((0,6))
print(path)
```

path_to 函数可以获取到达某个位置的最短路径。比如，如果人物在（0,4）位置处，那么到达（0,6）位置的最短路径就是“右右”。

有了这两个函数，我们终于可以摆脱简单重复“上下左右”这几个基本操作，实现一些更加高级的运行法则了。当我们想要让程序人物去打最近的怪物时，之前的做法是先用眼睛找到最近的怪物，然后不断地说出“上下左右”这些命令，直到程序人物到达相应位置，完成战斗。现在，我们可以把这些繁重的任务交给计算机来完成。如何实现自动找到最近的怪物呢？一个简单的办法就是找出地图上所有怪物的位置，然后得到能够到达每一个怪物的路径，接着计算这些路径对应的长度，最后通过比较得到最短的那一个。下面，我们一步一步来实现。

例题

编写 paths_to_object 函数，实现下面功能：

参数为目标的类型（比如“monster”）

返回一个列表，包含了通往该类目标每个对象的路径。

例子程序：

```
def paths_to_object(obj):
    locations_object = game.location(obj)
    paths_to_object = []
    for location in locations_object:
    path = hero.path_to(location)
    paths_to_object.append(path)
    return paths_to_object
```

把上述功能实现成一个函数是非常明智的，我们之后很可能需要频繁地获取通往地图上某类目标所有对象的最短路径，只需要调用该函数，输入目标类别即可。

· 思考和讨论 ·

结合上面的例子讨论一下，把一类常用功能实现成一个函数，有什么好处?

有了到达地图上某类目标所有对象的路径后，我们需要计算出每条路径的长度，这部分代码请同学们在下面的练习中完成。

小练习

编写 cal_paths_len 函数，计算路径的长度：

参数为以路径为元素的列表 paths。

返回一个列表，里面存放了 paths 中相应位置的路径长度。

提示：使用 len 函数获取列表长度。

有了 cal_paths_len 函数，我们可以方便地求出一系列路径对应长度。接下来我们需要在路径长度的列表中找出最小的元素对应的位置。前面我们的思考和讨论中提到过，常用的功能可以实现为一个函数，以便复用。寻找列表中最小元素的位置是一个常用的功能，我们把它写成一个函数，方便以后频繁地使用。

例题

编写 find_min_index 函数，实现下面功能：

参数为一个列表，里面存放了一些数。

返回最小的数在列表中的位置。

例子程序：

```
def find_min_index(values):
    min_index = -1
    min_value = 10 000
    for index,value in enumerate(valuse):
        if value < = min_value:
            min_value = value
            min_index = index
    return min_index
```

· 思考与讨论 ·

上面的例子中，我们设计了一个算法来求出一组数中的最小的那一个的索引。思考一下，求出一组数中最大值、第二大的值可以用什么样的算法实现呢？

小练习

编写 path_to_nearest_object 函数，输入目标类别，返回通往该类目标中最近的那个对象的路径。

提示：可以结合 paths_to_object 函数，cal_paths_len 函数以及 find_min_index 函数。

现在，我们已经可以通过自己设计的算法找到通往最近怪物的路径了，下一步，我们需要控制程序人物沿着路径移动到那里。下面我们给出一个简单的例子。

例题

编写一个程序，直接移动到最近的怪物。

例子程序：

```
path = path_to_nearest_object("怪物")
for movement in path:
    hero.move(movement)
```

单元小结

在这一节中，我们主要学习了路径规划的相关算法。

路径规划部分以最近目标路径规划为主要内容，介绍了程序中对象的基本设定以及获取程序中对象状态的方式，方便同学们后续实现更复杂的控制。在实现寻找最近目标路径的算法过程中，让同学们思考了用函数作为功能模块的好处，为之后学习高效地实现算法打下了基础。

【自我评价】

学习内容	掌握程度
最优路径问题的目的	□熟练　□良好　□一般
语音控制执行最优路径	□熟练　□良好　□一般

8.5　雾里看花：模糊匹配

在上一节中，我们用算法让计算机能够智能地对地图中的信息进行一定的分析（比如找到最近的目标），这是从“上下左右”的基本操作中迈出的一大步。不过，为了实现语音交互的功能，我们还需要让计算机理解“打最近的怪物”这类复杂指令。

可以不可以用 if…else…语句和“ == ”符号判断命令的种类并选择调用相应动作的函数呢？当命令的数量很少而且命令很简单时，我们暂且可以这么做。但随着命令数量的增加以及命令复杂程度的提高，这种简单的匹配方式就难以满足我们的需求了。想象一下，当我们设计了几十种命令时，就需要写出几十条 if…else 语句。不仅如此，我们在用语言描述复杂一些的指令时，很容易多说或者少说一两个字，比如，“打最近的怪物”和“去打最近的怪物”表达的其实是同一种含义。如果还用之前的匹配方法，要想涵盖自然语言的多种变化，得多写出很多倍的判断语句，显然是不可取的。为了应对这样的情况，我们需要改进之前的匹配算法，实现字符串的**模糊匹配**。相对精确匹配，模糊匹配可以实现更加柔性的匹配方式，更能适应自然语言灵活多变的特点。模糊匹配的方式有很多种，在现阶段，我们仅了解一下本项目能用到的方法。

观察之前遇到的问题，我们会发现，虽然当前的命令数量以及命令的句子长度都有所增加，但其中的句式基本都符合一定的规律。想要在这个特定的任务上实现字符串的模糊匹配，首先要总结出这些命令在结构上的特点。思考一下，之前所讲述的命令大致都有怎样的结构呢？比如，“打左边的怪物”“捡红色的宝石”和“开最近的门”。

可以看出，本项目中的指令大多满足这样的句式——动词（“打”“捡”“开”等）+形容词（“左边的”“红色的”“最近的”等）+名词（“怪物”“宝石”“门”）。利用这个规律，我们就可以设计一套句式模板。当一段语音命令被计算机识别为文字后，我们就可以用这个句式模板去匹配文字内容，将其中的有用信息提取出来。

模糊匹配技术使得语音交互的效率和可用性大大增加。无论是对于普通话不标准的用户，或是在噪音较大的环境下使用语音交互的用户，模糊匹配都能更好地理解他们的语句中的含义，并且做出正确的反馈。

· 思考与讨论 ·

思考一下，上面的命令中哪些信息比较重要呢？

1. 动词（“打”“捡”“开”等）
2. 形容词（“左边的”“红色的”“最近的”等）
3. 名词（“怪物”“宝石”“门”）

名词关系到目标对象的类别，肯定非常重要。形容词也很重要，我们需要根据描述性信息确定目标是同一类别对象中的哪一个。动词在这个任务中并没有多少意义，无论是打，还是捡，其实都只是移动到目标位置罢了。

有了这个认识，我们很自然地想到只需要识别出句子中的名词和形容词就足够了。在 Python 中我们可以很方便地用关键字 in 来判断某个字符串在不在另一个字符串中。因此，我们只需要依次检查之前分好的那几个类别名称在不在命令字符串中即可确定目标类别。下面我们用一个简单的例子说明如何从命令中匹配出目标类别的信息。

例题

编写 command2object(command) 函数，结合列表和 for 循环来对句子中的目标对象类别进行匹配。

例子程序：

```
def command2object(command):
    objs = ["怪物","钥匙","门","宝石","药水","楼梯"]
    for obj in objs:
        if obj in command:
            return obj
```

上面的例子实现了一个函数，这个函数接受一个字符串命令作为参数，如果命令中出现了“怪物”“钥匙”“门”“宝石”“药水”“楼梯”这些目标中的某一个，该函数就会将该目标返回。同学们可以尝试给这个函数传入不同的命令，看一看能不能准确识别出命令中的目标。

小练习

1. 利用前面的函数，匹配出字符串中的目标类别，打印出来，看一看是否正确。

2. 结合语音识别的接口，利用前面的函数，匹配出语音中的目标类别，打印出来，看一看是否正确。

匹配出目标类别的信息还不够，一个地图上同一类目标往往有许多个。我们说的命令中也会具体指出目标的某些特征，比如，“最近的”或“左边的”等描述性信息。为此，我们可以仿照匹配目标类别的算法，进一步匹配出命令中的描述性信息。

小练习

1. 仿照匹配目标类别的算法，设计出匹配命令中描述性信息的算法。

2. 利用前面的函数，匹配出字符串中的描述性信息，打印出来，看一看是否正确。

3. 结合语音识别的接口，利用前面的函数，匹配出语音中的描述性信息，打印出来，看一看是否正确。

小练习

1. 编写 command2info 函数，将目标类别和描述性信息的匹配功能结合在一起：

参数为字符串形式的命令。

返回值为一个列表，第一个元素为命令中的目标类别，第二个元素为命令中的描述信息。

2. 然后调用语音接口，检验上述功能的准确性。

·思考和讨论·

思考一下，如果将目标类别和描述性信息的匹配算法用硬性匹配的方式实现，需要写多少行代码？模糊匹配的算法为什么能用更少的代码更好地实现这个功能？

单元小结

在这一节中，我们主要学习了模糊匹配的相关算法。

模糊匹配部分介绍了一种基于关键字的匹配算法，使我们从命令的语法形式得到启发，定义出一套句子模板，实现一个简单稳定地从命令中提取出关键信息的算法。

模糊匹配与之前介绍的路径规划，为后续实现更加复杂高效的语音交互系统提供了有效的解决方案。

【自我评价】

学习内容	掌握程度		
句式模板的含义与设计	□熟练	□良好	□一般
指令控制的目标匹配	□熟练	□良好	□一般

8.6　山鸣谷应：人机交互进阶

在前面两节中，我们分别实现了让计算机自动找出到达最近目标路径的算法，以及目标类别和描述性信息的匹配算法。将这两者结合起来，我们就能实现一个复杂的语音交互系统，彻底摆脱之前那种用“上下左右”来控制程序人物的初级方式。我们把之前讨论过多次的“打（吃、捡……）最近的怪物（金币、钥匙……）”这类命令称为“最近型”命令。以这类命令为例，看一看如何将前面所学到的算法结合在一起。

例题

使用“最近型”命令控制程序人物完成相应动作。

提示：

调用 command2info 函数，获取命令中的目标类别和描述性信息。

调用 path_to_nearest_object 函数，获取到达最近目标的路径。

例子程序：

```
def command2action(hero,command):
    describe2path = {"最近":path_to_nearest_object}
    obj,describe = command2info(command)
    if describe in describe2path:
path = describe2path[describe](obj)
if path:
    for movement in path:
        hero.move(movement)
```

上面的例子实现了让计算机自动根据字符串命令控制程序人物完成相应动作。同学们可以结合这个函数以及语音接口，实现语音控制程序人物完成“最近型”动作的功能。

小练习

1. 调用语音接口以及例子中的函数，实现语音控制程序人物完成“最近型”这类动作的功能。

2. 运行上述代码，尝试用不同的语言表达方式控制程序人物完成相应动作，看一看是否符合你的预期。

只有上述的“最近型”命令运行魔塔程序还不够灵活，下面我们对命令的种类进行扩展。

·思考和讨论·

1. 命令的设计出发点是什么？
2. 设计中要注意哪些问题？

我们在设计命令时并非天马行空，很多时候是基于对程序过程的观察和归纳，然后进一步抽象成一类命令。比如，“最近型”命令的设计是由于在程序过程中，我们经常需要肉眼找出最近的怪物或者金币等目标，然后找出到达目标位置的路径，最后控制程序人物一步一步移动过去。这一系列过程中有很多步骤是计算机完全可以胜任的，如判断命令中的目标种类，以及寻找到达最近目标的路径。也就是说，在设计一类新的命令时，往往要从实际的观察出发，找到运行程序时的某些规律，进而思考这种规律是否可以由计算机自动完成。如果计算机可以完成，那就设计出相应的算法实现这个功能，否则，这种动作还是需要人来执行。人机合作，共同运行这个程序，才是最高效的方法。基于这个思路，我们再来设计一些高效的命令吧。

运行魔塔时，我们常常先打弱的怪物，积攒经验，用经验换取升级或者攻击力、防御力之后，再去打强的怪物。我们的程序模块中为同学们提供了一个非常有用的函数——info，可以用来获取某个位置上的目标信息。如果该目标处是一个怪物，就会返回怪物的名称、攻击力、防御力，打它能获得金币、经验值，给自己造成的伤害值；如果该目标处是楼梯，就会返回它是上楼还是下楼的楼梯；如果该目标处是门、钥匙、宝石或者药水，就会返回它的颜色。有了这把利器，我们可以实现很多高效的功能。下面以“打最弱的怪物”为例。

例题

定义“打最弱的怪物”函数，判断怪物强弱的准则是打该怪物给自己造成的伤害大小。

例子程序：

```
def path_to_weakest_monster(obj):
    if obj! ='怪物':
        print('The weakest object must be a monster')
        return None
location_monsters = game.location('monster')
path_to_monsters = []
hurts = []
for location in location_monsters:
    path_to_monsters.append(hero.path_to(location))
    hurts.append(game.info(location)['hurt'])
min_index = find_min_index(hurts)
return path_to_monsters[min_index]
```

上面代码中对输入的目标类别进行了判断，要求它必须是怪物。还用到了之前实现的 find_min_index 函数，减少了重复劳动，也让代码更加简洁、易于维护。下面我们将该功能融合到之前实现函数 command2action 中。

例子

在函数 command2action 中加入“打最弱的怪物”功能。

例子程序：

```
def command2action(hero, command):
    target_describe2path = {"怪物": {"最近的": path_to_nearest_
    object,
                "最弱的":path_to_weakest_monster},
                "钥匙":{"最近的": path_to_nearest_object},
                "门": {"最近的": path_to_nearest_object},
                "宝石": {"最近的": path_to_nearest_object},
                "药水": {"最近的": path_to_nearest_object}}
    target, describe = command2info(command)
    if target in target_describe2path:
        describe2path = target_describe2path[target]
        if describe in describe2path:
            path = describe2path[describe](target)
            if path:
                for movement in path:
                    hero.move_to(movement)
```

现在，command2action 函数中已经有了两种命令，我们也应该对命令的设计和实现有了一定的理解。下面可以尝试实现一些与新的命令对应的算法。

小练习

初级：

1. 吃红色的钥匙
2. 开黄色的门

中级：

3. 上楼
4. 去 5 楼

高级：

5. 开最近的黄色的门
6. 打所有楼中最弱的怪物

最终挑战

魔塔程序的目的很显然是通关，在通关的基础上当然是越快越好。现在，同学们就来比一比，看谁能用自己实现的语音交互系统最快地通关。

单元小结

这一节是实践课，通过“最近型”命令的学习，以及

“打最弱怪物”的案例演示，使同学们能够高效地自行搭建语音交互系统来完成相应的任务，从而灵活掌握所学的知识。

【自我评价】

学习内容	掌握程度
搭建语音交互系统	□熟练　□良好　□一般

本章小结

在这一章中，首先介绍了声音的特性，语音在计算机中的存储方式，人类发声和听觉的原理，以及语音识别的方法。然后，以语音识别为技术基础，结合路径规划、模糊匹配等算法，逐步搭建起一个语音交互系统，成功控制魔塔程序中的人物完成较为复杂的动作。

第九章　宝石采集：决策和规划

很久很久以前，有一个聪明善良的孩子，他叫小立。宝石采集的故事就是在小立身上发生的……

有一天晚上，小立做了一个梦，遇到了一个神秘人。神秘人告诉他，现在他有机会玩这样一个游戏：每一回合，玩家都从面前的红、蓝、绿三枚宝石中采集一枚，而宝石的累计价值在玩家梦醒后，会转化为现实世界中的资产。游戏一共进行10 000回合，每开始一个新回合时，宝石都会刷新。一次采集红、蓝、绿宝石的价值是服从三个不同的宝石分布的随机变量。宝石分布可以用a表示，a表示宝石价值的数学期望。

小立很高兴，但越听越觉得这个游戏挺难的。他苦思冥想起来：

图9-1　红宝石（左），蓝宝石（中），绿宝石（右）

- 在每一回合，应该怎么选择宝石？
- 究竟是不是存在更优的策略？
- 具有宝石分布属性的宝石价值有什么规律？

……

小立想的这些问题将在本章一一得到解答。首先，让我们从了解“决策”开始。

9.1　运筹帷幄：认识决策问题

人类拥有一种重要的能力——决策。决策，即做出决定或选择，是我们日常生活中不可或缺的一部分。决策问题无处不在。比如，放学回家时选择步行还是骑车？今天出门是否带伞？

图9-2　人类在日常生活中的决策

决策问题往往非常复杂：在决策过程中，每一次必须做出选择时可能出现的选项很多，且决策的目标常常是一个远期的结果，不可能被简单预测到。比如下围棋这样一个决策问题：

- 每一回合都需要落子，即做决策；
- 每一次决策可以做的选择很多，如果是 19 道围棋盘则最多有 361 种落子方式；
- 在落子之后，对手也会落子。每一步落子的收益和导向是不可预测的。

没有经过刻苦的训练，普通人对这样的决策问题往往无从下手。但令人吃惊的是，通过精密的设计，计算机在围棋中表现出来的决策能力甚至超过了人类世界冠军。

宝石采集游戏本质上是一个决策的问题，玩家需要重复进行“选择—执行”的操作，来达成一个长期的目标。通过本章学习，我们将学会如何操纵计算机使用决策算法找到更高价值的宝石。

单元小结

通过这一节的学习，我们认识了决策的概念，并探讨了决策在日常生活中有哪些应用。我们还通过下围棋的例子，了解了决策问题复杂困难的一面。在接下来的内容中，我们将在解决宝石采集问题的过程中，进一步深化对决策问题的认识。

【自我评价】

学习内容	掌握程度
决策的概念	□熟练　　□良好　　□一般

9.2　白云苍狗：走进概率的世界

概率（probability）这个词，很多人都不陌生。在日常生活中，我们常常会碰到：

- 天气预报会说："今天的降雨概率是 80%"；
- 在抽卡游戏中，系统会提示："最稀有的卡片掉落概率是 1%"；
- "抛硬币正面向上的概率是 50%"。

……

那么概率是什么，它是怎么工作的呢？**概率可以被理解为一个随机事件发生的可能性**。什么是随机事件呢？让我们先介绍随机事件的载体——随机试验。

随机试验

随机试验是在相同条件下对某随机现象进行的大量重复观测，是开展统计分析的基础。

我们是否思考过，天气预报是如何知道降雨概率是80%？人们怎么知道抛硬币正面的概率是50%？这是因为人们为了统计随机现象的规律，对随机现象进行了重复观察，而这也是随机试验的过程。随机试验具有以下特点：

1. 试验者在试验之前，不能断定即将发生什么结果，但是可以明确指出试验的全部可能结果是什么；

2. 在相同条件下，试验可以大量重复；

3. 重复试验的结果是以随机方式或偶然方式出现的。

事实上，自从18世纪以来，有很多数学家对于抛硬币出现正反面的概率进行了试验求证。这个试验的过程相当简单：抛一枚硬币，记录它的正反面情况。

表9-1　抛硬币的结果记录

试验者	抛硬币次数	正面向上的次数	反面向上的次数
德·摩根	4092	2048	2044
蒲丰	4040	2048	1992
费勒	10 000	4979	5021
皮尔逊	24 000	12 012	11 988
罗曼诺夫斯基	80 640	39 699	40 941

也许我们已经知道抛一枚硬币，有50%的概率正面朝

上。但是，我们还要记住这些伟大的数学家，以及他们通过试验检验真理的思想。

随机事件

随机事件是在随机试验中，可能出现也可能不出现，而在大量重复试验中具有某种规律性的事件。随机事件也被简称为事件。

比如，小立看到下面这道选择题：

单选题（请选出四个选项中正确的那个）

以下哪种问题属于图形学问题？（　　　）

A. 图像分割

B. 纹理生成

C. 视频分析

D. 物体追踪

小立并不会做，但是他知道这是一道单选题，意味着这道题只有一个正确答案。于是他决定从这四个答案中随机选一个作为他的答案，他随机选择了选项 A。由于这道题是单选题，如果正确选项是 A，小立就猜对了；如果正确选项是 B、C、D 中的一个，小立则猜错了。“小立”“题目”作为这个随机试验的元素，是构成随机事件的必要成分。这样，“小立猜对了”和“小立猜错了”两种情况都有可能发生，因此它们是两个不同的随机事件。

又比如小立掷骰子。骰子掉在了地上，骰子一共有 6

面，每一面都可能朝上。在这个随机试验中，“小立”“骰子”都是构成随机事件的元素。对小立来说，“1 朝上”“2 朝上”“3 朝上”“4 朝上”“5 朝上”“6 朝上”都是有可能发生的随机事件。

还可以举个例子，小立和小刚两个人约定在周末出来玩，他们商定 9：00 在学校门口集合。结果，小立 9：00 到了，发现小刚没有到。这时，“小刚爽约”和“小刚不爽约”也是两个随机事件。

随机事件发生的可能性可以为 0，比如“小刚早到”虽然不可能发生，但仍然是随机事件，这样的事件叫作不可能事件。随机事件发生的可能性也可能为 1，比如“小刚迟到”就是发生概率为 1 的事件，这样的事件叫作必然事件。

例题

请想一想，“走路”是事件吗？“游泳”是事件吗？“我在走路”是事件吗？为什么？

解题思路：“走路”和“游泳”都不是事件（随机事件），因为它们都是随机事件中的元素。相对地，“我在走路”则是事件，因为它具有两种可能的情况：我有可能在走路，也有可能不在走路。

·思考与讨论·

1. 小立投骰子，“7 朝上”是事件吗？“朝上的数字 <7”是事件吗？为什么？

答案：都是。

可能性为 0/1 的事件也是事件。

2. 描述一个日常生活中的事件，说说它为什么有可能发生？

3. 描述一个日常生活中不是事件的名词，说说它为什么不是事件？

概率

现在我们已经知道了随机事件是什么，我们可以借用随机事件，更好地理解概率的概念。

概率也被称为“或然率”，它反映随机事件出现的可能性大小。

在本节中，我们讨论的事件的概率都是固定的。

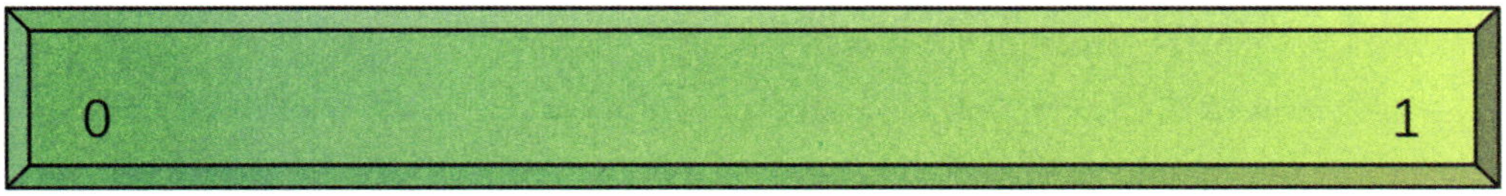

一个随机事件的概率的取值范围是［0，1］，当概率为 0 时，它的含义是，事件发生的可能性为 0，即这是一个不可能事件。比如小立已经知道小刚生病了，要在家卧床，那么“小刚明天来上学”的概率就是 0，是一个不可能事件。概率为 1 则代表着，这个事件必定发生，即这是一个必然事件。比如小立做选择题的过程中，“小立做对了”，或者“小立做错了”的概率就是 1。小立做题的结果不存在对或错之外的其他情况。

对于一个随机事件，概率越大，发生的可能性越高；概率越小，发生的可能性越低。如果小立有一袋宝石，他看不到袋子里面的宝石，但是他知道，里面有 10 颗宝石，其中 5 颗红宝石，2 颗蓝宝石，3 颗绿宝石。那么，当他从袋子中随机拿一个宝石，拿到某一种颜色宝石的概率如表 9－2 所示就是：

表 9－2　拿到各种颜色宝石的概率

拿到的宝石颜色			
颜色	红色	蓝色	绿色
概率	0.5	0.2	0.3

其中，“拿到红色宝石”的概率大于拿到任意一种其他颜色宝石的概率，所以小立最可能拿到红色的宝石。

例题

1. 小立面前有一个袋子，里面一共装了100块宝石，其中有1块黑宝石，1块蓝宝石，1块绿宝石，1块紫宝石，1块黄宝石，以及95块红宝石。如果小立从里面随机拿出一块宝石，他拿到某一种颜色的宝石的概率是：

拿到的宝石颜色						
颜色	黑色	蓝色	绿色	紫色	黄色	红色
概率	0.01	0.01	0.01	0.01	0.01	0.95

如果小立从袋子中随机拿出一块宝石，他有可能拿到哪种颜色的宝石？为什么？

解题思路：小立最可能拿到红色的宝石，因为袋子中红色的宝石最多，拿到红色宝石的概率最大。

2. 对于例题1中，小立是否一定拿到红色宝石？为什么？

解题思路：不一定，虽然拿到红色宝石的可能性最大，但是拿到红色宝石的概率并不为1，因此这种情况并不能包括所有宝石颜色的情况，所以仍可能拿到其他颜色的宝石。

小练习

对于投普通骰子的事件A、B、C，其中：

A：1朝上

B：2或3朝上

C：4 或 5 或 6 朝上

以上几个事件发生的概率如下：

事件概率			
事件	A	B	C
概率	1/6	1/3	1/2

反复投掷骰子，统计 A、B、C 分别出现的次数：

事件出现的次数			
投 10 次	A	B	C
投 50 次	A	B	C
投 200 次	A	B	C

根据概率越大，越可能发生的规律，出现最多的事件应该是：________

·思考与讨论·

在上述练习中，实验的统计结果与理论上的分析结果一致吗？尝试分析你的统计结果。

答案不唯一（要看实验结果）

概率更高只是代表发生的可能性更高，不代表一定发生最多。

概率的估计

在上一节中，我们了解了概率是对事件发生可能性的描述。知道了事件发生的概率，我们就知道了事件发生的可能性有多大。到目前为止，我们使用的概率都是给定的，已知的数字。有没有想过，这些数字是怎么算出来的呢？

在随机试验中，我们常常根据观察结果，基于统计估计概率：

概率 = 事件发生的次数/统计总次数

事实上，这种方法计算的是随机事件在试验中发生的频率，和概率并不相同，但是当随机试验次数足够多时，事件在随机试验中发生的频率会趋近于事件发生的概率。

简单地说，当统计次数足够多的时候，我们认为事件发生的次数已经完全体现了其自身发生的可能性，所以事件的概率可以用事件发生的次数在总次数中所占的比例进行近似估计。比如下页图 9 – 3 中进行的 12 次实验（假设 12 够大），其中 6 次事件发生了，所以算出的概率就是 1/2。

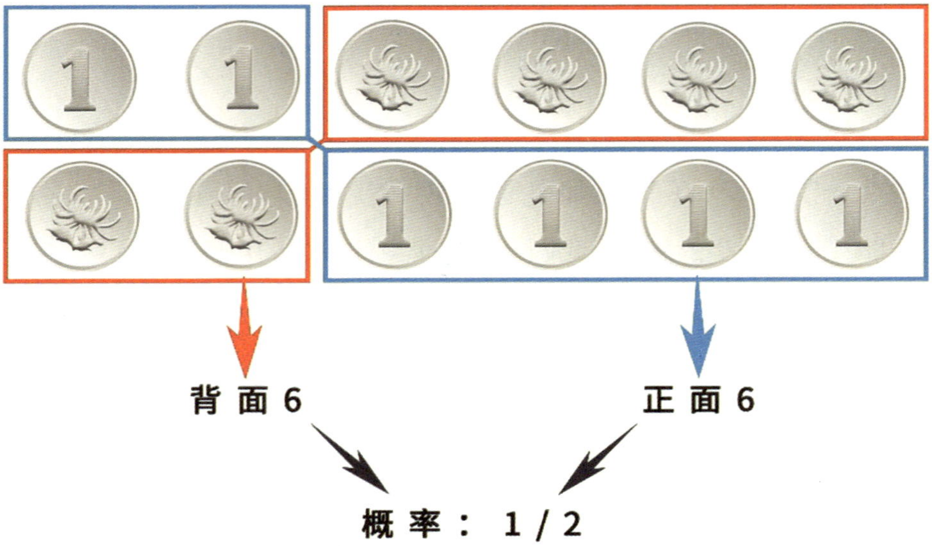

图 9－3　抛硬币实验示例（12 次）

例题

连续投掷三枚相同硬币，最终在桌面上的硬币一共有几种可能的情况？

解题思路：每一枚硬币都有正面向上或者反面向上两种情况。因为三枚硬币是相同的，最终的结果与硬币的正反面先后出现的顺序无关。

全部的情况有：三个反面；两个反面与一个正面；一个反面与两个正面；三个正面。

小练习

投掷20次均匀六面骰子，计算下列事件的发生概率：

事件1	1朝上	
事件2	偶数朝上	
事件3	朝上的数字是5或者6	
事件4	朝上的数字小于6	

·思考和讨论·

1. 同学们相互比较一下，大家的结果一样吗？

（允许不一样，但是误差不能太大。）

2. 真正的事件概率如下：

事件1	1/6
事件2	1/2
事件3	1/3
事件4	5/6

结果一样吗？为什么？

答案：不一样。因为实验次数不够多。

需要注意的是，如果在统计次数不够大的情况下使用这个估计法，往往无法得到足够接近概率值的结果。因为事件发生的次数还没有完全体现自身发生的可能性。估计值是对真实概率的近似，观察越多越准确。

比如先前的概率为 1/2 的图，如果我们在进行到第 8 次实验（实验次数不够大）的时候就计算概率，那么算出事件发生的概率将是 3/4，远远偏离了实际的 1/2。

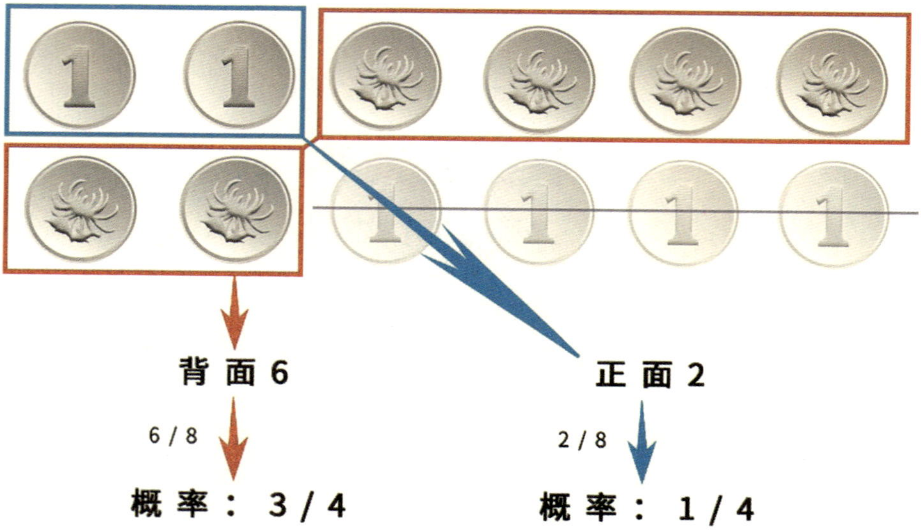

图 9-4　抛硬币实验示例（8 次）

单元小结

在这一节中，我们从概率的载体——随机试验与随机事件说起，体会了概率描述可能性的过程。概率越高，事件发生的可能性越大；概率最大为1（必然发生），最小为0（不可能发生）；概率可以通过反复的随机试验估计，估计次数越多估算得到的概率越接近真实值。

【自我评价】

学习内容	掌握程度
概率的定义	□熟练　□良好　□一般
事件的概念	□熟练　□良好　□一般
概率与事件的关系	□熟练　□良好　□一般
概率的估计	□熟练　□良好　□一般

9.3 孜孜以求：什么是数学期望

现在，我们已经知道了概率的含义：对事件发生可能性的描述。在这一节，我们将要学习一种特殊的事件与其概率，并引入另一个重要概念——数学期望。

在上一节中，我们已经投了上百次骰子。每一次，当我们看着空中还没有落下的骰子时，有没有猜测过，平均下来，骰子朝上的那面最有可能是什么数字？

图 9-5　随机事件——掷骰子

如果我们这么想过，说明我们已经意识到了数学期望的存在。

数学期望就是随机变量所有可能出现的值乘以其出现概率。顾名思义，就是人们“期望”下一次试验中随机变量会显现的值。

在详细讲述数学期望之前，我们要先学习“随机变量”的概念。

随机变量

随机变量是随机试验各种结果的实值单值函数。

比如说，掷一次骰子后骰子朝上的面的数字大小就是一个随机变量，它是掷骰子试验结果的函数。任何一次投掷之前，我们都无法断言这次朝上的值是多少，但经过上一节的学习，我们又能够知道，这次朝上的数字一定是是 1 到 6 中的某一个数，并且这个数字是 1—6，其中任何一个数字的概率都是 1/6。

又比如说，“今天下雨吗”这个问题的答案也可以抽象成一个随机变量：我们可以用 1 表示“下雨了”，用 0 表示“没有下雨”。早上天气预报员告诉我们，今天的降雨概率是 20%。虽然不降雨（值为 0）的概率很大，但也存在降雨（值为 1）的可能性。在早上这个时间节点，我们无法判断到底值为 1 或是 0，只知道出现 1 的概率为 0.2，而出现 0 的概率为 0.8。

随机变量可被分为两种：离散随机变量与连续随机变量。

离散随机变量，即在一定区间内变量取值为有限个，或数值可以一一列举出来的随机变量。

比如我们之前举例的骰子朝上数字和“下雨”问题的答案就都是离散随机变量：在骰子问题中，可能的值为 1、2、3、4、5、6；而在“下雨”问题中，可能的值为 1、0。

图9-6　降雨概率

连续随机变量，即在一定区间内变量取值有无限个，或数值无法一一列举出来的随机变量。比如这样一个例子：小立玩手机的时候，突然电量不足关机了。他心急如焚，马上充电。小立知道自己的手机要达到5%的电量才能重新开机，于是他开始猜测自己手机现在充了多少电。小立的手机电量（%）就是一个连续随机变量，其值可能是［0，5）中任意的小数，比如3.7834823847876392458…。这就跟小数无法穷尽一样，我们无法一个个列出可能的手机电量值。

图9-7 手机电量

例题

请指出，当小立扔一枚硬币的时候，它的随机变量有什么？请列举三个变量。

解题思路：在这个随机试验中，它的随机变量是硬币最终朝上的值、硬币最终朝下的值，以及硬币从抛下开始直到它落下的时长。

·思考和讨论·

指出一些日常生活中的随机变量，说说它们是离散随机变量，还是连续随机变量？为什么？

数学期望的计算

数学期望（或均值，简称期望）是随机变量所有可能出现的结果乘以每个可能结果的概率的总和。

假设随机变量 x 所有可能出现的值都已知，有：x_1，x_2，x_3，……而每个取值对应的概率也都已知，分别为 p_1，p_2，p_3，……

那么数学期望 E 就可以使用以下公式计算：

$$E = x1p1 + x2p2 + x3p3 + \cdots$$

为什么数学期望能代表人们对变量值的“期望”呢？

首先，人们是如何在心里计算“期望”的？按照概率定义，出现概率越高的值出现得应该（注意，不是一定）最多，人们更多考虑概率高的值对期望的影响。

而计算数学期望的过程完美体现了人们的这种思路。数学期望可以被视作各个变量值投票表决的结果，根据数学期望的公式，每个可能值都乘以自己的概率后相加。这就像是一个投票的过程，有人手中有更多的票，他对于投票结果的影响就更大。同样，出现概率越高的值对结果的影响也越大。

图9-8　数学期望与投票

尽管数学期望可能不是最好的对人类期望的表示，或许还有更优秀的表示方法。但是，我们不能否定数学期望是一种合理的模拟，它已经在经济、统计、计算机等众多领域体现了自己的价值。

例题

小立抛一枚硬币，它的两面分别是数字 1 和数字 2。数字 1 正面朝上的概率是 0.4，数字 2 正面朝上的概率是 0.6。请计算抛这枚硬币，朝上数字的数学期望。

解题思路：

$$x1 = 1, x2 = 2$$

$$p1 = 0.4, p2 = 0.6$$

$$\begin{aligned} E &= x1p1 + x2p2 \\ &= 1 * 0.4 + 2 * 0.6 \\ &= 1.6 \end{aligned}$$

小练习

现在我们使用上述公式来计算一次随机变量的数学期望。回顾上一节的“下雨”问题。事件为 1 的概率为 0.2，为 0 的概率为 0.8。

$$x1 = 1, x2 = 0$$

$$p1 = 0.2, p2 = 0.8$$

$$\begin{aligned} E &= x1p1 + x2p2 \\ &= 1 * 0.2 + 0 * 0.8 \\ &= 0.2 \end{aligned}$$

数学期望是“数学”的期望，而不是“人类”的期望。我们自己在预判“今天下雨吗”问题答案的时候，只会给出 1 或 0 这两种答案。但在数学上，它的期望就是 0.2，而不必是在真实值中选一个。也就是说，期望值并不一定等同于常识中的“期望”——“期望值”也许与每一个结果都不相等。期望值是该变量输出值的平均数。期望值并不一定包含于变量的输出值集合里。

图9-9　数学期望与人的“期望”

小练习

一个骰子每次投掷后朝上的数字，其所有可能值和概率如下：

值	1	2	3	4	5	6
概率	1/6	1/6	1/6	1/6	1/6	1/6

计算数学期望：________

标准答案：3.5

数学期望的估计

上述数学期望的计算比较直观，但现实生活中往往不用这种方法计算数学期望。因为对很多复杂问题来说，随机变量的值或者概率是未知的。

比如一个不平的骰子，每一次投掷它后朝上的数字出现的概率各不相同且未知：

值	1	2	3	4	5	6
概率	?	?	?	?	?	?

这个时候，数学期望的公式根本无法使用。我们就需要使用估计的方法得到数学期望。

对一个随机变量进行反复试验，记录每次出现的值 x'1，x'2,x'3…x'n 以及总试验次数 n。

估计的数学期望 $E' = (x'1 + x'2 + \cdots + x'n)/n$。

如果统计变量的每个不同值 x1,x2,x3,…在这 n 次试验中出现的次数 c1，c2，c3,…，这个式子可以改写为 $E' = (x1c1 + x2c2 + x3c3 + \cdots)/n = x1c1/n + x2c2/n + x3c3/n + \cdots$。

当 n 越大，c1/n,c2/n,c3/n,…就越接近 p1,p2,p3…，即 E'就会越接近 $x1p1 + x2p2 + x3p3 + \cdots = E$。

小练习

多次投掷一个骰子，用估计的方法计算数学期望。

投掷次数 n	10	20	30
E'			

和上一节使用公式计算出的 E 相比，我们能得出什么结论？

标准答案：投掷次数越多，E'越接近 E。

单元小结

与概率以随机事件为载体类似，数学期望也是用来描述随机变量平均值的属性。随机变量分为两种，分别是取值范围可数的离散随机变量与取值范围不可数的连续随机变量。数学期望的计算是所有随机变量值根据发生概率的加权平均，且数学期望也可以通过随机试验估计，试验次数越多计算的结果越准确。

【自我评价】

学习内容	掌握程度
随机变量的概念	□熟练 □良好 □一般
离散随机变量	□熟练 □良好 □一般
连续随机变量	□熟练 □良好 □一般
数学期望的计算	□熟练 □良好 □一般
数学期望的估计	□熟练 □良好 □一般

9.4 神机妙算：宝石采集中的决策算法

现在，回到我们的故事。在宝石迷宫中，每一种宝石的价值分布可以用 a 表示，a 表示宝石价值的数学期望。小立决定开始这 10 000 回合的宝石采集，立志让宝石的总价值最大。

宝石采集——新手教程

但小立很快发现，总价值最大几乎是不可能完成的。

还记得数学期望的定义吗？数学上说，当回合数接近无限大（认为10 000无限大）时，最可能达到宝石总价值最大的采集方式就是在每一个回合都抽取那个数学期望最大的宝石。但对小立来说，数学期望的分布是未知的。

小立请求道："如果我能知道数学期望的分布就好了！"

神秘人说："看在你是个新手的份儿上……好啊！"

于是小立知道了红、蓝、绿三种宝石的分布分别是：

- （数学期望 =5）
- （数学期望 =8）
- （数学期望 =3）

例题

现在，让我们写出一个算法，帮助小立进行宝石采集吧！

提示：算法的参数是history，max_iter，返回值是"red"/"blue"/"green"。

例子程序：

```
def my_alg(history, max_iter):
    return "blue"
```

小立的宝石采集结果是：______（答案可能不一样，希望接近80 000）

决策的两个步骤：探索与利用

小立在早晨醒过来，发现他的床头多了一张支票，上面的金额正好是他采集宝石所获得的收入。这让他更加好奇了。第二天晚上，小立又做了同一个梦。神秘人再次出现在小立面前，邀请他进行宝石采集。

小立："数学期望……"

神秘人回答："新手期过了，不给！"

小立顿时非常绝望。但这不意味着这个决策问题无法解决了。应该说，我们在上一节所写的算法其实是一个作弊的决策算法，因为真实的决策往往是在环境未知的情况下进行的。

想想我们生活的世界，大部分决策场景都是未知的，我们从自身的经验中学习，才得以提升决策的能力。比如早上出门，看到天灰蒙蒙的，我们根据经验（如淋过雨）就知道要带把伞；放学回家的时候一时兴起绕了个远，看到有个奶茶店，我们就会时不时地再次绕远去喝奶茶。

从人类的决策过程中总结，决策的一般步骤有两个：探索与利用。

探索就是通过选择不同的动作来观察执行效果，从而积累经验；利用就是根据现有探索到的经验完成利益最大化。比如在喝奶茶的例子中，人会通过探索不同的回家路线来积累对周边区域的知识，从而让自己的生活更美好。

最好的决策方法就是在平衡探索与利用两者的过程中达到的。如果一个同学在放学路上过度探索，致力于把所有马路都走一遍，可能就失去了享受以前找到的奶茶店的机会；如果一个同学在路上看到了一家超市，就天天进去喝咖啡，那么就连奶茶店的存在都不知道。在决策中平衡两者，才是成功的秘诀。

宝石采集，作为一个决策问题，也可以这样从探索与利用平衡的角度考虑。

我们帮小立想想，宝石采集中的探索和利用可以怎么建模？

一种思路是：探索 = 数学期望的估计，利用 = 多采当前估计出来数学期望最大的宝石。（不必一定用这种思路，同学们可以思考其他选择。）

虽然从这天晚上开始，小立的新手教学已经结束了，神秘人不会再告诉他数学期望了，但想想前几节：我们可以自己估计数学期望。每次采集宝石，其价值就可以被用来更新对应颜色宝石的数学期望。随着抽取宝石的数量变多，探索得越多，对数学期望的估计也就越精确。而根据当前对三种宝石数学期望的经验，数学期望最高的那个就是我们的知识里最有价值的那种宝石，利用就是尽量多采这种宝石可以最大化宝石总价值。

小练习

小立和我们一样想到了决策的两个步骤：探索和利用。但问题是，他并不知道如何平衡探索和利用。我们能不能提出一种算法，帮助他解决这个问题？

提示：算法的参数是 history, max_iter，返回值是“red”/“blue”/“green”。

（开放题）

结果是：________

贪心算法与实战

小立睡醒了，再次发现他的枕边多了一张支票。但小立还想采集更多的宝石。于是他向高人请教。

小立：“老师教我。”

高人：“何不以贪心试之？”

小立上网搜索，发现贪心算法，即 ϵ-greedy 方法是一种把握了此问题中探索和利用平衡的简单解决策略。每一回合，玩家都有概率选择探索或利用，由此完成平衡。

【ϵ - greedy】

ϵ 是一个介于 0，1 之间的数字，表示概率。每一次选择宝石时，你有 ϵ 的概率选择探索，而有 $1-\epsilon$ 的概率选择利用。

1. 选择探索：概率 ϵ

不选择已知的数学期望最大的宝石，而是在其他两种宝石中随机选择一个更新其数学期望；给别的宝石被尝试的机会，说不定能够找到价值更高的。

2. 选择利用：概率 1 - ϵ

选择已知的数学期望最大的宝石，确保这一回合收益（按照现有估计）最大。

第三个晚上，神秘人果然又入梦了。

例题

赶快帮助小立实现 ϵ - greedy 算法，完成今天的宝石采集挑战！

提示 1：算法的参数是 history，返回值是"red"/"blue"/"green"；

提示 2：可以使用 random.random() 函数来随机生成一个 0 与 1 之间的数（包括浮点数），使用以下结构：

```
if random.random() < p:
    event1
else:
    event2
```

可以表示执行 event1 的概率为 p，执行 event2 的概率为 1 - p；

提示 3：可以使用 random.choice 函数从一个 list 中随机抽取一个元素；

提示 4：可以使用 remove 函数从 list 中删除一个元素。

```
def my_alg(history,max_iter):
    eps = 0.01    # 一个介于0 与1 之间的数
```

```
exp_red =        # 根据 history 估计的红宝石的数学期望
exp_blue =       # 根据 history 估计的蓝宝石的数学期望
exp_green =      # 根据 history 估计的绿宝石的数学期望
best_gem =       # ["red","blue","green"]中数学期望最大的那个
remain_gem =     # ["red", "blue", "green"], 删除best_gem
if(random. random() < eps):
    return remain_gem 中任意一个
else:
    return best_gem
```

调整 ϵ，得到今天的最好结果：________

这时的 ϵ：________

改进后的贪心算法

小立醒了，他对这一天的收获很满意。比起之前，他能够采集到价值更高的宝石。但是小立也时常想，要是能够更高效地收集宝石就好了。

于是他又上网搜索：有没有比 ϵ－greedy 更好、更高效的算法？

还真有！

【改进后的 **ϵ－greedy**】

ϵ 是一个介于 0，1 之间的数字，表示概率。每一次选择

宝石时，有 ϵ 的概率选择探索，而有 $1-\epsilon$ 的概率选择利用，执行完操作后 ϵ 随着回合数增加递减。初始时，ϵ 从 1 开始；所有回合走完时，ϵ 正好减至 0。

1. 选择探索：概率 ϵ

不选择已知的数学期望最大的宝石，而是在其他两种宝石中随机选择一个更新其数学期望；给别的宝石被尝试的机会，说不定能够找到价值更高的。

2. 选择利用：概率 $1-\epsilon$

选择已知的数学期望最大的宝石，确保这一回合收益（按照现有估计）最大。

例题

第四天的游戏中，请帮助小立实现改进后的 ϵ - greedy 算法，运行后和前一天的宝石采集算法运行结果对比！

提示 1：算法的参数是 history，max_iter，返回值是“red”/“blue”/“green”；

提示 2：eps = 1.0 - len(history)/(max_iter - 1)；

例子程序：

```
def my_alg(history):
    eps = 1.0 - len(history)/(max_iter - 1)
    exp_red =           # 根据 history 估计的红宝石的数学期望
    exp_blue =          # 根据 history 估计的蓝宝石的数学期望
```

```
exp_green =            # 根据 history 估计的绿宝石的数学期望
best_gem =             # ["red","blue","green"]中数学期望最大
                       的那个
remain_gem =           # ["red", "blue", "green"], 删除best_gem
if random. random( ) < eps:
return remain_gem      # 中任意一个
else:
    return best_gem
```

今天的结果：________

用老方法的结果：________

· 思考和讨论 ·

哪一种算法能够收集更多的宝石？为什么会这样？

参考答案：

改进后的更好。

当回合数很小时，对数学期望的估计很不准，应通过探索多多积累经验，而少利用当前经验；当回合数很大时，对数学期望的估计较准，这时候再探索就价值不大，应多利用当前经验。

移动的宝石采集

第六天，小立惊讶地发现，他的梦里多了一个人！神秘人告诉他，现在宝石采集的规则变了：游戏的平台变成了一个充满宝石的迷宫。

两个玩家从地图的左上角/右下角开始相继捡宝石，每回合都可以选择移动/捡这两种操作，哪个玩家先开始完全随机。移动的方向完全随机不受控制，且每回合角色都能看到自己脚下是否存在宝石，以及宝石颜色（如果存在）。被玩家捡走的宝石会消失，归入那个玩家的口袋。如果到达游戏回合数上限，迷宫中没有宝石或玩家犯规，那么游戏结束。

神秘人说："只能执行捡宝石和移动这两种操作，犯规者自动出局。最后的赢家是宝石价值更高的那个人。输了的那个人将再也见不到我。"

宝石采集迷宫在宝石采集问题的基础上，增加了"移动"的概念。

在已知一种宝石价值很低的情况下，完全可以使用"移动"离开这个格子：因为一个回合只能执行一个操作，多捡便宜的宝石会是严重的浪费。

但"移动"这个行为又会妨碍采集宝石知识的增长。玩家如果在某一个回合选择"移动"，那么玩家就在这个回合放弃了积累经验。

在宝石采集迷宫中取胜的关键就是把握好“移动”与“捡宝石”这两种动作的平衡，在很好地用“捡宝石”积累宝石经验、优化决策的同时，机智地“移动”跳过低价值的宝石。

此外，犯规和宝石捡完都会导致游戏强制结束，请务必注意。

例题

请设计一个算法，帮助小立打败对手。

提示1：函数的参数有：

（1）history：同宝石采集问题，是(gem,price)的list。

（2）gem_count：迷宫中剩下的宝石数量。

（3）remain_round：游戏还剩几回合结束。

（4）max_round：游戏总共回合数。

（5）content：当前格看到的内容，有可能是“road”、“red”、“blue”、“green”。

提示2：可以根据场上的情况动态选择策略，如gem只剩一个的时候看到就捡，其他时候用贪心算法判断要不要捡。

提示3：一切皆有可能！

例子程序1：

```
def alg_1(history, gem_count, remain_round, max_round, content):
```

```
if content ==' blue ':
    return ' collect '
else:
    return ' move '
```

例子程序 2：

```
def alg_2(history, gem_count, remain_round, max_round, content):
    if content ==' road ':
        return ' move '
    else:
        return ' collect '
```

算法与对战

请使用自己的算法和其他同学进行排名赛。

单元小结

宝石采集游戏的本质是平衡探索与利用的关系。探索即勇敢尝试，试验未知的选择，积累经验；利用是反思当前的经历，找出回报最高的行为，反复进行。我们从认识数学期望与宝石采集的关系开始，不仅学会了编写算法解决宝石问题，还认识了一种高级算法：贪心算法。最终，在宝石迷宫中实践了本章所讲授的知识。

【自我评价】

学习内容	掌握程度		
宝石采集与数学期望的关系	□熟练	□良好	□一般
决策的两个步骤：探索与利用	□熟练	□良好	□一般
贪心算法	□熟练	□良好	□一般
贪心算法的改进	□熟练	□良好	□一般

本章小结

在这一章里，我们通过宝石采集问题初步认识了决策的概念，了解计算机和人类一样，可以从历史中汲取经验，从而解决困难。我们将宝石采集建模为一个探索与利用的问题，编写算法平衡了对数学期望的估计和对更大总价值的追求；不仅如此，我们还活学活用，在复杂的宝石迷宫中实践了所学的知识。现实生活中，我们还会遇到更复杂的决策问题，但是无须害怕。毕竟，这些问题的本质和宝石采集问题相同。

图书在版编目（CIP）数据

人工智能入门. 第4册 / 陈玉琨主编. — 北京：商务印书馆，2019

ISBN 978 − 7 − 100 − 17370 − 4

Ⅰ. ①人… Ⅱ. ①陈… Ⅲ. ①人工智能 — 中学 — 教材 Ⅳ. ①G634.671

中国版本图书馆 CIP 数据核字（2019）第075172号

人 工 智 能 入 门

（第四册）

陈玉琨 主编

商 务 印 书 馆 出 版

（北京王府井大街36号 邮政编码 100710）

商 务 印 书 馆 发 行

山西人民印刷有限责任公司印刷

ISBN 978 − 7 − 100 − 17370 − 4

2019年5月第1版　　开本 787×1092 1/16

2019年5月第1次印刷　　印张 5½

定价：16.50元